CHARLES DE VALETTE

LA

DIVINE CHANSON

MONTPELLIER
IMPRIMERIE CENTRALE DU MIDI
(HAMELIN FRÈRES)

1895

LA

DIVINE CHANSON

CHARLES DE VALETTE

LA
DIVINE CHANSON

MONTPELLIER
IMPRIMERIE CENTRALE DU MIDI
(HAMELIN FRÈRES)

1895

A LA MÉMOIRE

DE MON PÈRE ET DE MA MÈRE

CE POÈME EST DÉDIÉ

C. DE V.

STROPHE PREMIÈRE

I

LA CRÉATION

Au commencement, Dieu fit le ciel et la terre.
Et la terre était nue, inerte et solitaire ;
Les ténèbres planaient sur la face des eaux.

Et le Verbe éternel éveilla le Chaos.
Et l'informe Chaos, que couve sous son aile
L'Esprit du Dieu vivant, à la Voix éternelle
Bondit, pour accomplir les ordres qu'il reçoit.

Et le Créateur dit : — « Que la lumière soit ! »
Et la lumière fût.

Il nomma la lumière
Jour, les ténèbres, nuit. Ce fut l'œuvre première.
Dieu vit que c'était bien.

— « Que le grand firmament
Sépare l'élément d'en bas, de l'élément
D'en haut ! »

Le firmament mis entre l'onde et l'onde,
Il l'appela le ciel. Ce fut l'œuvre seconde.
Dieu vit que c'était bien.

— « Que le reste des eaux
En bas se creuse un lit, laissant à nu les os ! »

Les continents et les océans se formèrent.
Et Dieu dit ; et voilà qu'arbres, plantes germèrent,
Chacun portant en soi sa semence ou son fruit.
Dieu vit que c'était bien. Et, du jour à la nuit,
Ce fut l'œuvre troisième.

Et Dieu dit : — « Que la voûte
Du ciel ait des flambeaux ; et qu'ils suivent la route
Que je leur trace, afin que, par mes lois conduits,
Ils marquent sur la terre et les jours et les nuits,
Et qu'aux aspects divers du firmament splendide,
Les temps et les saisons reconnaissent un guide ! »

Et Dieu créa d'abord la lune et le soleil ;
Et la nuit s'accoupla, voilée, au jour vermeil.
Le matin joyeux vit s'épanouir l'aurore ;
Le soir, des millions d'astres dans l'ombre éclore.
Et le gouffre ébloui dit : Gloire à Jéhovah !

La Voix sublime dans l'infini s'éleva :
— « Qu'il naisse de la mer des animaux qui nagent,
Ayant l'âme vivante, et d'autres qui voyagent
Par le grand firmament ! »

            Les poissons dans les eaux
Nagèrent ; sous le ciel volèrent les oiseaux.
Dieu vit que c'était bien.

            — « Sur la terre et dans l'onde,
Poissons, oiseaux, soyez une race féconde ! »

Et le soir descendit sur le cinquième jour.

Et le Créateur dit : — « Que la terre à son tour,
Et chacun d'eux selon sa propre espèce, enfante
Des animaux ayant tous une âme vivante :
Ceux qui paissent, et ceux qui chassent dans les bois,
Ceux qui rampent ! »

            La terre obéit à la Voix.
Dieu fit les animaux qui dorment dans un antre,
Ceux qui paissent, et ceux qui rampent sur le ventre.
Il vit que c'était bien.

            Et le Créateur dit,
Tandis que son Esprit à son Verbe applaudit,
— Et l'abîme, peuplé de mondes, en silence
Ecouta — :

            « Faisons l'Homme à notre ressemblance.

Que la création connaisse mon Élu,
Et le serve ! Qu'il ait un pouvoir absolu
Sur les monstres des mers, les bêtes de la terre,
Et les oiseaux du ciel ! Qu'il soit le caractère
Suprême, par quoi l'Œuvre atteste l'Ouvrier,
Cause première et fin ! Qu'il soit l'ardent foyer
D'où monte jusqu'à Nous l'intelligente flamme !
Et que l'immensité M'adore avec son âme ! »

Alors Dieu créa l'Homme à son image. Il prit
Du limon de la terre, et le forma. L'Esprit,
Du sein de l'Être sans terme et sans origine,
Inspira dans la chair l'étincelle divine.

Ainsi l'Homme, tiré du limon, fut vivant.
Et tous les animaux s'inclinèrent devant
Sa face, vers les cieux magnifiques dressée,
Qu'illumine le jour serein de la pensée.

Dieu fit aussi la Femme.

                    Et ce qu'il avait fait,
Il vit que c'était bon et que c'était parfait.

Et le sixième jour s'accomplit.

                        Ces ouvrages
Sont les témoins de l'Éternel devant les âges.

Et le jour qui suivit les six jours fut béni.
Et Dieu se reposa, remplissant l'infini.

II

L'ÉDEN

Or Dieu transporta l'Homme au jardin des délices.

Les fleurs ouvraient au ciel immense leurs calices ;
Et les arbres tendaient leurs fruits, doux à manger.

Un vol d'Anges, glissant parfois sur l'air léger,
Faisait un battement rapide d'ailes blanches.

Un grand fleuve y naissait, qui formait quatre branches.

Et deux arbres portaient à leurs vierges rameaux,
L'un, la science, mère et des biens et des maux,
Et l'autre, le secret de l'éternelle vie.

Et tout était bonheur, car rien n'était envie.

Et le Seigneur prit l'Homme et le mit dans Éden
Afin qu'il cultivât et gardât le jardin.

Et le Seigneur lui dit : — « Voici ce que j'ordonne :
Tu mangeras les fruits que ce jardin te donne ;
Mais, si ta bouche au fruit de la science mord,
Tu fuiras de ma face et tu mourras de mort ;
Et le Mal déchaîné régnera sur la terre. »

L'Homme alors s'aperçut qu'il était solitaire.

Dieu dit : — « Il n'est pas bon pour l'Homme en qui j'ai lui,
D'être seul. Qu'il ait une aide semblable à lui ! »

Et le Seigneur, par qui toutes choses sont faites,
Ayant déjà créé les oiseaux et les bêtes,
Quand il voulut donner à l'Homme un compagnon,
Les rassembla, pour qu'il les nommât par leur nom :
C'est encore celui dont la terre les nomme.
Et cependant, parmi tous les animaux, l'Homme
Ne trouva pas un être à lui-même pareil.

Le Seigneur envoya sur Adam le sommeil.
Et voilà que son corps devient comme insensible,
Et que son âme plonge au fond de l'invisible.
Le Seigneur-Dieu lui prit une côte ; il ferma
La plaie ouverte, avec la chair ; puis, il forma
La Femme.

Et vers Adam, qui voit marcher son rêve,
Dieu conduisit la Femme.

                    Et l'Homme devant Ève :
— « Voici l'os de mes os, et la chair de ma chair !
C'est pourquoi, quittant tout ce qu'il a de plus cher,
L'Homme s'attachera pour toujours à la Femme ;
Et tous deux ne seront qu'une chair et qu'une âme. »

Or, ils allaient tout nus, et ne rougissaient pas.

Et le serpent rampait, tortueux, sur leurs pas,
Tandis qu'ils contemplaient le firmament sublime.

III

SATAN

Mais le Mal existait avant l'Homme.

L'abîme

Primitif avait vu les gueules de l'Enfer
Dans la nuit éternelle engloutir Lucifer,
Lorsque Michel, guidant les fidèles phalanges,
Précipita d'en haut l'essaim des Mauvais Anges.

Dès qu'un être créé pensa : — Je suis l'égal
De Dieu — , Satan naquit, disant : — « Je suis le Mal. »
Et ce cri monstrueux eût troublé l'harmonie,
S'il n'avait allumé la Colère infinie.

Le Damné dans sa chute emporta son orgueil ;
Et, relevant son front foudroyé, morne écueil
Où la bonté s'échoue, où l'espérance sombre,
Il se mit à hurler vers Dieu, du fond de l'ombre.

IV

LA CHUTE

Le démon avait pris la forme du serpent.

L'être qui toujours souffre et qui ne se repent
Jamais, le Mal étant son supplice et sa chaîne,
L'Incurable que mord cet ulcère : la Haine,
Importuné de voir, sous la splendeur des cieux,
Errer le couple humain, innocent et joyeux,
Dans l'herbe où la rosée en perles étincelle,
Sinistre, méditait la chute universelle.

Or le serpent était le plus rusé, parmi
Les animaux.

   L'azur ne voilait qu'à demi
Sur la création belle, heureuse, ingénue,
Le sourire divin dont s'éclaire la nue.

Et le serpent, qui fut dans la suite maudit
Pour avoir fait cela, vint à la Femme, et dit :

— « Pourquoi Dieu qui déploie au ciel tant de merveilles,
Et sème les gazons verts de roses vermeilles
Afin que vous marchiez dans un enchantement ;
Lui, qui créa pour vous, dès le commencement,
Ce jardin, qu'il orna des essences sans nombre
Des arbres, vous offrant la fraîcheur de leur ombre
Ou vous donnant leurs fruits que le soleil fait doux,
Vous a-t-il défendu de vous nourrir de tous ? »

Et la Femme, front pur que la grâce décore,
Ame éclose au matin, tout étonnée encore,
Et que fêtent la plante, et l'astre, et l'animal,
Répondit au serpent, ignorante du Mal :

— « Nous mangeons le fruit mûr et la grappe pendante
De ces arbres où court la sève débordante.
Il en est un pourtant, au milieu du jardin,
A qui Dieu nous défend de toucher ; car soudain
Nous mourrions. »

       Le démon, s'acharnant à sa perte,
Dit à la Femme :

       — « Oh ! non ; vous ne mourrez pas, certe.
Mais Il le sait : si vous mangez ce fruit, vos yeux
S'ouvriront ; vous serez semblables à des dieux ;
La science aussitôt vous apparaissant toute,

Vous connaîtrez le Bien et le Mal. »

Eve écoute,

Charmée.

     Et cependant, son oiseau familier,
La colombe sans tache et très douce, au collier
Teinté d'azur, planant toujours au-dessus d'elle,
S'envola dans le ciel immense à tire-d'aile.

Et la Femme admira, cédant à son désir,
Le fruit superbe à voir et facile à saisir.

Délectable, sa chair semble appeler la bouche.

Et la création devint triste et farouche,
Et le lion rugit, terrible, sur les monts,
Et l'Enfer triomphant déchaîna ses démons,
Lorsque, consommant l'acte, Ève, tremblante et pâle,
Mangea le fruit cueilli sur la branche fatale.

Et la Femme en offrit, malfaisante déjà,
A l'Homme. Et l'Homme, par complaisance, en mangea.

En même temps leurs yeux furent ouverts. La chute
Dans le gouffre où le corps et l'âme sont en lutte,
Commença. Les dessous de la vie inconnus
Apparurent.

     Alors, voyant qu'ils étaient nus,

N'osant pas échanger leurs secrètes pensées,
L'Homme et la Femme, avec des feuilles enlacées,
Pris de honte et d'effroi sous les grands cieux sereins,
Firent des voiles dont ils ceignirent leurs reins.

V

LE RÉVEIL DE LA FEMME

Le soir, d'ombre étoilée emplit l'azur. Et comme
L'Épouse, pour dormir, pensive, auprès de l'Homme
Se couchait, dévoilant sa blanche nudité,
Riche des purs contours de la virginité,
L'Époux, dans un désir, comprit le doux mystère.

Le souvenir d'Éden s'obscurcit sur la terre
Où l'âme s'embrasait à la flamme des sens ;
Et le cœur et l'esprit n'étaient plus innocents.

Premier baiser ! Amour puissant que Dieu seconde !
Sublime accouplement ! Œuvre sainte et féconde
De la chair, appelant l'ineffable rayon !
Ventre auguste, sacré par la conception !

Le ciel arrondissait sa coupole infinie ;
Et les globes roulaient dans des flots d'harmonie ;

Et la mer, comme un sein qui ne peut s'assoupir,
Se soulevait avec un immense soupir.

La Vie ardente avait comme un surcroît de sève.

Oh ! comme ils oubliaient, dans la volupté brève,
La chute, leur misère et le bonheur perdu,
Et cet arrêt de mort implacable, rendu
Par le Juge qui voit tout et que rien ne change,
Et le glaive de flamme à la main de l'Archange
Terrible, flamboyant au seuil du Paradis,
Pour garder les chemins à jamais interdits !

Les astres cependant pâlirent. L'aube blonde
Dora le bord du ciel. La clarté, comme l'onde
Ruisselante, prit tout dans son réseau vermeil.
Et, les rayons chassant de leurs yeux le sommeil,
Le rêve les laissa nus devant l'existence.

La Femme eut souvenir alors de la sentence
Sévère, qui vouait son ventre à la douleur.

La Femme n'était plus la virginale fleur.

Et sur sa chair en proie à la vague épouvante,
Mère en secret déjà de toute chair vivante,
Par la volupté même instruite, et connaissant
L'angoisse, Elle aperçut une goutte de sang.

VI

LE TRAVAIL ET LA MORT

Leurs âmes au Seigneur s'élevèrent ensemble.
Et la Femme cachait son front charmant qui tremble,
Et ses larmes, au sein de son Époux. Et lui,
A l'Épouse donnait sa force pour appui,
Grave, et la dominant de sa taille plus haute.

Or, la terre, maudite à cause de leur faute,
Refusait de porter les fruits et les moissons
Et ne produisait plus que ronces et buissons.
Et l'Homme l'arrosait des sueurs de sa face
Où brille encor le sceau divin que rien n'efface ;
Et, remuant le sol stérile avec effort,
Triste, il songeait qu'un jour l'inévitable mort
A la terre rendrait sa chair, fange grossière ;
Car la poussière doit retourner en poussière.

VII

CAÏN ET ABEL

Et la Femme enfanta Caïn, le Premier-Né,
Disant : — « Grâce au Seigneur, un homme m'est donné ! »
Et, du charme nouveau de la douleur parée,
La Femme, accomplissant sa fonction sacrée,
Parut digne au Seigneur de son choix éternel.

Elle conçut encore et fut mère d'Abel.

Or, Abel fut pasteur sur les monts ; dans la plaine,
Caïn fut laboureur.

   Et l'Esprit de la haine,
Le péché livrant l'Homme à l'Archange hideux,
S'empara de Caïn, un jour que tous les deux
Offraient des dons au ciel d'où descend l'allégresse :
Abel, les nouveau-nés des troupeaux et leur graisse,

Caïn, un lourd présent avec art assemblé,
Où se mêlait aux fruits l'or des gerbes de blé.

Et le Seigneur, au don préférant l'innocence,
Eut pour Abel un doux regard de complaisance ;
Mais il ne regarda ni Caïn, ni ses dons.

Et, le soir, Caïn dit à son frère : — « Sortons. »

Et lorsqu'ils furent seuls dans la vaste campagne,
Caïn, que le démon invisible accompagne,
Contre son frère Abel tout à coup s'éleva.

Le premier cri du sang monta vers Jéhovah.

Et le Bien, fils du ciel, le Mal, né de l'abîme,
Furent visibles, — l'un, bourreau, l'autre, victime.

STROPHE DEUXIÈME

I

LA NATIVITÉ

Ils s'en allaient tous deux, Joseph avec Marie,
A pied. Ils n'avaient point trouvé d'hôtellerie.
C'étaient de pauvres gens. Joseph le charpentier
Travaillait tout le jour, n'ayant que son métier.
Et cet homme devant le Seigneur était juste.

Il vint, pour accomplir l'édit récent d'Auguste,
A Bethléem, cité de David ; il était
Issu du roi David.

       Or, comme il repartait
Pour Nazareth, avec Marie alors enceinte,
Voilà qu'il fut saisi de respect et de crainte,
Car il voyait, tremblant, lorsqu'il se retournait,
Un Ange qui suivait Marie, et s'inclinait.

Et l'enfant dans le sein remuait.

La froidure

Les mordait; sous leurs pas la route sonnait, dure.
La nuit tombait; le terme apparaissait peu loin.
Une étable s'offrit. Et, sur un peu de foin,
Marie, après l'avoir enveloppé de langes,
Coucha son Premier-Né dans la crèche.

Et les Anges

Chantaient en réveillant quelque pâtre étonné:
— « Paix à la terre et gloire aux cieux! Dieu vous est né! »

II

LE DRAGON

Joseph nomma l'enfant Jésus, — ce qui veut dire
Sauveur.

En ce temps-là, le monde était l'empire
Où le Dragon allait et venait, triomphant.
Et le Dragon, ayant ouï vagir l'enfant,
Se rua dans la nuit, comme pour s'y dissoudre,
Se rappelant son front labouré par la foudre
Quand le Verbe de Dieu s'empourpra de courroux.

Et Jésus souriait, mystérieux et doux,
A la vie, à la mort, à la souffrance amère,
Et, faible, s'endormait sur le sein de sa Mère.

III

JÉSUS AU TEMPLE

Comme en force, il croissait en grâce devant Dieu.

Il advint qu'à douze ans, il s'assit au milieu
Des Docteurs expliquant Moïse et les Prophètes,
Lorsque à Jérusalem, à l'époque des Fêtes
De la Pâque, il resta dans le Temple trois jours.

Et les siens le cherchaient à tous les carrefours.

Il invoqua l'Esprit ; alors, sa bouche pure
Distilla le miel doux et fort de l'Écriture ;
Et, comme une aube claire, un sens nouveau naissait
De la lettre parfois obscure du verset.
Et tous s'émerveillaient de sa raison profonde.

Or, Lui-même, il était la Lumière du monde
Qui, dès le premier jour, dans l'abîme avait lui ;

Tout fut créé par Lui ; rien ne le fut sans Lui.
Et la Lumière brille à travers les ténèbres.

Fils d'Adam, nous naissons dans les ombres funèbres
De l'arbre du péché qui porte un fruit amer :
C'est pourquoi, parmi nous, le Verbe s'est fait chair,
Vase vivant d'amour d'où la Vérité coule.

. . . . Mais sa Mère, fendant les groupes de la foule,
Accourut dans le Temple à l'accent de sa voix,
Et s'écria : — « Mon fils, est-ce vous que je vois ? »

Il répondit, l'esprit au delà de la terre :
— « Il faut bien que je sois aux choses de mon Père ;
Le soin de sa Maison ne m'est-il pas commis ? »

Elle ne comprit point ces mots.

                        L'enfant soumis
Revint à Nazareth, LA SAINTE ET LA FLEURIE[1],
Car le souffle d'en haut y féconda Marie,
Que saluait « pleine de grâce » Gabriel,
Dans la chambre bénie ouverte sur le ciel.

[1] En hébreu, NAZARETH signifie CITÉ SAINTE ou CITÉ FLEURIE,
selon qu'on l'écrit par un Z ou par une S.

IV

JÉSUS A NAZARETH

C'est là, sanctifiant la vie humble et la peine
Journalière, par qui l'âme est bonne et sereine,
Qu'il grandissait dans l'ombre, auprès de ses parents,
Sous l'œil qui veille au fond des gouffres transparents.

Il contemplait vraiment le Père face à face,
Et puisait la Bonté, la Sagesse et la Grâce,
A l'immanent foyer du Vrai, du Bien, du Beau,
Triple rayonnement de l'Unique Flambeau.

Et son regard était une lueur d'étoile.

Le silence du Saint Livre couvre d'un voile
Jaloux, l'adolescence auguste de Jésus.

Gestes secrets du cœur, des Anges aperçus !
Éclosion divine ! Adorables prémices !
Les chœurs harmonieux des célestes milices
Versent, vous révélant aux bienheureux Élus,
Dans l'extase infinie, une goutte de plus !

V

JEAN - BAPTISTE

Or, Jean, l'ange prédit que le Seigneur envoie,
Cria dans le désert : — « Aplanissez la voie !
Le Désiré se lève et marche près d'ici. »

Et les prêtres disaient : — « Quel est donc celui-ci ?
Le Prophète ou le Christ ? Il faut qu'il se prononce. »

Et Jean : — « Non pas le Christ, mais le Cri qui l'annonce !
Il arrive après moi, bien qu'Il soit avant moi.
Le Christ est le Salut, — Moïse était la Loi, —
Et je n'oserais pas dénouer sa sandale.
Je suis l'ardent chasseur qui traque le scandale,
Le serviteur dont le zèle a pris le devant.
Le Maître est là, vous dis-je, et sa main tient le Van.
Quand, sur le soir des temps, il purgera son aire,
Rassemblant le froment dans le grenier du Père,

Il jettera la paille et les herbes au feu ;
Et le Verbe sera le jugement de Dieu.
Donc, priez et jeûnez, et faites pénitence :
Son visage doit être un jour votre sentence,
Doux au juste béni, formidable au méchant. »

Et Jean-Baptiste allait baptisant et prêchant
Les foules qui suivaient sa voix le long du Fleuve.
Son discours était rude, et sa morale neuve.

Il enseignait : — « S'il a deux robes, l'homme doit
Vêtir un pauvre nu, parce que Dieu le voit ;
Et quiconque a du pain pour deux, fasse de même :
En bienfaisant, c'est la récompense qu'on sème. »

Et Jean venait de Dieu.

                    Sa mère Élisabeth,
Stérile auparavant, et que l'âge courbait,
L'enfanta dans la joie ; — et la reconnaissance
Des multitudes fête encore sa naissance :
Elle fut la rougeur matinale du Jour
Montant avec le Christ des gouffres de l'amour ;
Le Très-Haut l'annonça par message à son prêtre.

Zacharie, homme simple et droit, vit apparaître,
Au moment qu'il offrait l'Encens dans le Saint Lieu,
L'archange Gabriel qui se tient devant Dieu.
Et l'Ange : — « Le Seigneur exauce ta prière ;
Voilà qu'Élisabeth, ta femme, sera mère

D'un fils; son nom est Jean, car il est le vrai Don [1]
Que Dieu fait à la terre, et l'espoir du pardon. »

L'enfant, plein de l'Esprit, grandit aux solitudes ;
C'est pourquoi sa parole eut des accents très rudes,
De toute l'âpreté du désert fauve, empreints.

D'une ceinture en cuir, il ceignait à ses reins
Sa tunique taillée aux dépouilles des bêtes;
Ses aliments, avec le texte des Prophètes,
Furent du miel sauvage, et, cuites au soleil,
Des sauterelles.

        Jean alors était pareil
Au lionceau dont il prit l'antre pour demeure :
Interrogeant le ciel, il attendait son heure.

Heure sainte et bénie, où se brise le cours
Des vieux âges! Sublime avènement des jours
Où le Fils nous dira le Père qui nous aime !

[1] Le non de JEAN veut dire « GRACE, MISÉRICORDE DE JÉHOVAH. »

VI

LE BAPTÊME DE JÉSUS

Quand Jésus s'avança, demandant le baptême,
Jean, son témoin, cria devant les cieux ouverts,
Emplissant l'étendue et le temps, — à travers
La mort, Ève écouta dans sa couche profonde :

— « Voici l'Agneau de Dieu qui rachète le monde !
Voici le Saint chargé du Crime universel !
Peuples, j'ai vu venir des profondeurs du ciel,
Et s'abattre sur Lui, pour reposer son aile,
L'Esprit de Jéhovah, la Colombe éternelle,
Hôte jadis connu de l'Éden chaste et pur,
Où l'Homme voyait Dieu sourire dans l'azur. »

Puis, prosternant sa face, il dit à Jésus : — « Maître,
C'est Vous, dont la vertu me fit avant de naître,

Tressaillir d'aise, ô mon seigneur Jésus, c'est Vous
Qui me baptiserez, moi pécheur, à genoux ! »

Jésus le releva, disant : — « Laisse, et fais comme
J'ai dit. Toute justice en l'Agneau se consomme. »

Alors Jean baptisa Jésus-Christ.

                                    Et soudain,
Comme Il sortait lavé des ondes du Jourdain,
Offrant au ciel sa chair éblouissante et nue,
Une Voix s'entendit, qui disait dans la nue :

— « Celui-ci, c'est mon Fils, uniquement élu
Dès le principe ! En Lui, mon amour s'est complu. »

En même temps s'ouvrit pour nous l'ère de grâce.

Chair ineffable de Jésus ! fleur de la race
Humaine ! fleur suave, immarcescible au Mal !
Calice épanoui sous le flot baptismal !
O vase des parfums de la Beauté suprême,
En qui le trois fois Saint s'embaume de soi-même !
L'Eau, que sanctifia la divine Onction,
Élément de colère et de perdition
Contre les vieux enfants monstrueux de la terre,
Jaillira désormais, féconde et salutaire,
Effaçant le péché qui noircit le ciel bleu,
Sur l'Homme, fils d'Adam, devenu fils de Dieu !

VII

DIEU ET SATAN

Or, ce jour-là, tandis que les Esprits sublimes
S'arrêtaient éperdus sur le bord des abîmes
De la miséricorde infinie, en voyant
Dans l'ombre s'accomplir le Mystère effrayant,
Dieu permit que Satan parût en sa présence.

Mais l'Ange était sans joie au ciel de sa naissance,
En proie au Mal, hélas! comme un cadavre aux vers.

Celui qui mesura l'espace à l'univers
Et qui pèse le gouffre aux balances exactes,
Éternellement fait aboutir tous les actes
De toute créature, au plan qu'il a conçu;
Si bien que, jamais las, quoique toujours déçu,
Le Forçat immortel, maudissant son génie,
Voit son œuvre avorter dans l'immense harmonie.

Et ce jour-là, Dieu dit à Satan : — « D'où viens-tu ? »
Et, morne, Lucifer, de sa honte vêtu,
Qu'aveugle maintenant la lumière irritée :
— « J'ai parcouru la terre et je l'ai visitée. »
— « As-tu considéré Jésus de Nazareth ?
Dit le Seigneur. Son âme est mon jardin secret ;
Et j'y cueille le lys de la pureté sainte. »

L'Infâme, secoué par la haine et la crainte,
S'écria, — tel celui qui s'éveille en sursaut :
— « Il se proclame le vrai fils du Dieu Très-Haut ;
Certe, il faut, s'il n'a point blasphémé, qu'il le prouve.
La multitude où sans cesse le rêve couve
D'on ne sait quel Messie attendu d'Israël,
Raconte que pour lui se déclara le ciel
Quand son prophète l'eût plongé dans l'eau du Fleuve.
Mais qu'il subisse enfin ma redoutable épreuve :
Il est le fils de l'Homme ! »

                  Et le Seigneur leva
Sa droite, et dit, du fond de l'éternité : — « Va. »

Et l'Enfer aboya, gueule du Mal immonde,
Cependant que Satan s'abattait sur le monde.

VIII

LE TRIOMPHE DE JÉSUS

Jésus fut entraîné par le souffle divin,
Frémissant et docile, au désert fauve, afin
D'y subir le démon et de briser l'embûche
Où notre humanité chancelante trébuche.

Sur la montagne de Juda, sommet béni,
Il conversait avec son Père, l'Infini
S'épanchant dans son âme à travers la nature.
L'extase et la prière étaient sa nourriture ;
Écoutant et voyant, Il priait pour les sourds
Et les aveugles.

Or, après quarante jours,
Comme Il avait grand' faim, Satan sortit de l'ombre
Et lui dit : — « Vous pouvez, de ces pierres sans nombre,
Si vous êtes le fils de Dieu, faire du pain. »

Et Jésus : — « Le pain seul n'apaise pas la faim ;
Mais l'Homme s'alimente aussi de la parole
De Dieu, qui, dans ses maux, le soutient et console. »

Après cela, Satan, le grand Malicieux
Dont la science vaine et maudite des cieux,
Survit, — reine du monde, hélas ! — à sa défaite,
L'emporta dans la nuit complice, sur le faîte
Du Temple : — vision du pâtre épouvanté !
Et Jésus était calme, étant la Vérité.

Un nuage voila la lune au ciel livide.

Et l'Archange déchu, montrant du doigt le vide
Noir et vertigineux, béant devant leurs pas,
Dit : — « Précipitez-vous, maître, du haut en bas.
Si vous êtes le fils de Dieu, Dieu vous regarde ;
Il est écrit qu'il a confié votre garde
A ses Anges, jaloux de vous tendre la main,
De peur que votre pied ne se blesse en chemin. »

Jésus lui répondit : — « Il est écrit de même :
Tu ne tenteras point le Seigneur. »

                                        L'ombre blême
Fuyait.

          Et de nouveau, voilà que, l'enlevant,
Le démon qui gourmande au passage le vent
En prononçant les mots ténébreux de l'abîme,

Le posa sur un mont immense dont la cime
Plonge, tremblante, dans la vague profondeur
Du rêve. Au loin la terre étalait sa rondeur.
Et le monde à leurs pieds déroula ses royaumes :
Gloire, plaisirs, puissance et richesses, — fantômes.
L'œil du Mauvais, flambeau sinistre, étincela ;
Il cria : — « Tout cela m'appartient ; tout cela,
Hommes, terres et mers aux vastes flots sonores,
Je te le donne, si, prosterné, tu m'adores. »

L'aurore jaillissait de l'orient vermeil.

Et Jésus prononça, le front dans le soleil,
Ceint du rayonnement de l'intime lumière,
D'un geste souverain chassant l'Infâme : — « Arrière,
Satan ! Il est écrit : N'adore que Dieu seul.
Maudit, je suis le Jour, et l'ombre est ton linceul. »

Satan s'évanouit comme la brume passe.

Un vol d'Anges pensifs, suspendu dans l'espace,
Descendit ; et, liant leurs voix pures en chœur,
Ils chantaient et servaient Jésus, Adam vainqueur.

IX

JUDAS ET JEAN

Après avoir lavé les pieds des douze Apôtres,
Jésus dit : — « Lavez-vous les pieds les uns des autres ;
Et vous serez heureux, et vous serez sauvés.
Moi, pour vous l'enseigner, je vous les ai lavés ;
Vraiment, le serviteur n'est pas plus que le Maître.
Le signe auquel on doit partout vous reconnaître,
C'est que vous vous aimiez. Je ne dis pas ceci
Pour tous. Je vous connais. Parmi vous j'ai choisi
Ceux qui me rejoindront au séjour de délice.
Ce mot de l'Écriture, il faut qu'il s'accomplisse :
— Celui qui pour manger à ma table s'assied,
Celui-là contre moi soulèvera le pied. »

Il se tut ; son esprit tomba dans un grand trouble.
Comme un arbre pliant sous le vent qui redouble,

Sa tête s'affaissa. Tous étaient interdits.
Alors : — « En vérité, mes fils, je vous le dis,
L'un de vous me trahit dans son âme sordide. »

Or, Jean le Bien-Aimé, le disciple candide
Que Jésus chérissait sur tous, pour sa douceur
Et pour sa pureté, se pencha sur le cœur
De son Ami, voyant qu'il était en tristesse.
Et Jésus qui souffrait, tout ému de tendresse,
Sur l'épaule de Jean, moins triste, vint poser
Sa tête. — Amour divin! Ineffable baiser !

Judas était sorti. Judas l'Iscariote
Avait reçu Satan dans son cœur, comme un hôte.
Et l'Enfer saluait d'un long ricanement,
Un monstre hideux, né de cet accouplement
Hideux.

     Et dans le ciel, les lyres angéliques
Faisaient un doux accord des sublimes cantiques.
Un Ange radieux de la terre montait;
Et le chœur éternel des Séraphins chantait :
— « Gloire, dans les hauteurs, à toi, né du mélange
Des tendresses de l'Homme et du Verbe. »

               C'est l'Ange
Dont les ailes glissant dans l'impalpable azur,
Distillent dans nos cœurs des gouttes d'amour pur.

Et le fruit monstrueux de Satan et du Fourbe,
C'est ce démon qui jette à tous les vents, la tourbe
Des obscènes amours, des noires trahisons,
Des haines ; — et sa bave est faite de poisons.

<h1 style="text-align:center">X</h1>

LE BAISER DE JUDAS

Judas pèse le prix du sang de l'innocence.
L'ombre grandit au ciel, et dans la conscience
De cet homme, endormant la honte et le remord ;
Satan fétide y souffle une haleine de mort
Tandis qu'ils vont, suivis d'une escorte farouche.

Horreur ! Judas avait ce souffle dans sa bouche
Quand il baisa le Christ au milieu des soldats ;
Et Satan dans sa bouche a maintenant Judas [1].

[1] « Cette âme là-haut, qui souffre plus que les deux autres, dit le Maître, est Judas Iscariote ; il a la tête dans la bouche de Dité, et démène ses jambes en dehors. »

(DANTE, Enfer, chant XXXIV.)

XI

LE CALVAIRE

Jésus avait semé la parole de vie.
Les acclamations de la foule ravie
Emplissaient les chemins d'un murmure joyeux.
Il éclairait le cœur en guérissant les yeux.
Le Mal à son aspect fuyait ; la tombe avare
Lâchait sa proie à son commandement. Lazare,
Mort depuis quatre jours, était ressuscité ;
Et des témoins avaient parlé dans la cité.

Bénissant les enfants et relevant les femmes,
Le Christ, Abel des temps nouveaux, paissait les âmes
Loin du monde, en un pré choisi, sur la hauteur.
Il avait dit un jour : — « Je suis le bon Pasteur. »

Et Caïn, dont la terre est l'antique domaine,
S'éleva contre Lui, tout frémissant de haine.

Le cri du sang de Dieu dans l'infini monta ;
Et le jour dans l'horreur indicible avorta.
L'âpre roc se brisa tout à coup comme verre.

Les os flétris d'Adam gisaient sous le Calvaire.

Et l'arbre de la Croix, où le cadavre pend,
Du Fils de l'Homme, ayant à ses pieds le serpent,
Né de la mort et du péché, dans les ténèbres,
Tendait son fruit sanglant et blême, aux cieux funèbres.

XII

AUX PIEDS DU CRUCIFIX

Voici ce que j'ai dit aux pieds du Crucifix :
— Je crois en un seul Dieu ; je crois au Père, au Fils,
A l'Esprit. Sa grandeur m'explique ce mystère.
Je crois à Dieu fait Homme et venu sur la terre.

Je confesse et je crois tout ce qui fut écrit.
Et je baise tes pieds, ô mon doux Jésus-Christ,
Et tes mains, et la plaie à ton côté béante,
Source vive, sur tous les bourreaux ruisselante !

Sublime ignominie ! Holocauste pendu
Entre l'Homme et le Ciel, — au Ciel le bras tendu,
Le front penché vers l'Homme ! O tendresse infinie !
Œil de Jésus qui me cherche dans l'agonie !

Mon Dieu, je Vous adore et je tombe à genoux !
Et puisque, ô mon Seigneur, vous vîntes parmi nous,
Vêtant, avec la chair, la misère des hommes,
Pour nous montrer la Voie, être ce que nous sommes ;

Puisque vos yeux divins ont pleuré de nos pleurs ;
Que vous avez mangé le pain de nos douleurs,
Et que votre âme, de tristesse toute pleine,
Avait besoin de Jean ou bien de Madeleine ;

Puisque sous le fardeau votre épaule a faibli ;
Que, trempant votre lèvre au calice rempli,
Vous avez trouvé l'eau du sacrifice amère ;
Puisque, avant d'expirer, à ta très sainte Mère

Qui ne peut contenir ses sanglots étouffants,
Tu nous donnas, avec l'Apôtre, pour enfants ;
Puisque tu nous aimas jusqu'à l'heure suprême,
— O Christ, vrai Fils du Dieu vivant, et Dieu toi-même !

Je me jette en tes bras, comme en ceux de l'Ami
Unique, dont le cœur n'est jamais endormi,
Qui souffre ce qu'on souffre, et mêle l'Espérance,
Comme un céleste baume, à l'antique souffrance !

Car ta Croix a scellé l'acte de mon rachat ;
Car ta face, où, pécheur, je mis plus d'un crachat,
Pâle, s'éclaire sous la couronne d'épines,
Lorsque je communie aux angoisses divines.

Et je t'aime, ayant soif, comme toi, d'amitié ;
Et parce que ton âme est l'urne de pitié
Vers nous toujours penchante, et que c'est une chose
Bonne enfin, d'être Jean qui sur ton sein repose !

XIII

MADELEINE AU TOMBEAU

Madeleine pleurait au tombeau de Jésus.
Plaintive, elle inclinait son visage au-dessus ;
Et voilà qu'elle vit deux Anges apparaître
A la place où fut mis le corps du divin Maître,
Assis, chacun étant de blancheur revêtu,
L'un à la tête et l'autre aux pieds.

       — « Que pleures-tu,
Femme ? »

    — « Ils ont enlevé mon Dieu, sans que je sache
L'endroit qui maintenant le possède et le cache ! »

Or, tout en larmes, comme elle se retournait,
Madeleine aperçut Jésus, qui se tenait
Debout.

Jésus lui dit : — « Pourquoi pleures-tu, femme ?
Réponds, quel est celui que ta douleur réclame ? »

Elle, croyant parler au jardinier : — « Seigneur,
Si vous l'avez pris, oh ! donnez-moi ce bonheur :
Enseignez-moi, de grâce, où vous l'avez pu mettre ! »

Jésus lui dit : — « Marie ! » Et Marie : — « O mon Maître ! »

Je dirai un jour, si Dieu m'aide, dans une troisième strophe, le second
avènement de Jésus-Christ.

C. DE V.